D1135854

Ceux qui restent

Ceux qui restent

Réflexions sur un deuil

par
Marcel Viau
et ses fils

Novembre 1988

ÉDITIONS ANNE SIGIER

Édition: Éditions Anne Sigier
                2299, boul. du Versant Nord
                Sainte-Foy, QC
                G1N 4G2

Composition
et
Impression: LOGIDEC INC.

Dépôt légal: 1er Trimestre 1989
             Bibliothèque Nationale du Canada
             Bibliothèque Nationale du Québec

             ISBN: 2-89 129-109-3

Imprimé au Canada

Préface

Dire la vérité
dire la douleur,
essayer de nommer ce vide immense de la
présence,
tout cela avec simplicité, pudeur, respect,
voilà ce que Marcel Viau et ses fils ont
accepté d'écrire dans ces pages.
Deux ans se sont passés depuis la mort de
Suzanne Charest.
À regarder vivre la famille,
à constater jour après jour la puissance de
la vie,
je puis dire aujourd'hui que Suzanne a
gagné son pari.
Elle a su, au-delà de la mort, communiquer
l'essentiel de l'existence.
Elle est passée, discrète, mais tellement

animée de cette foi en la Résurrection.
Son livre «Et passe la vie» a suscité
beaucoup de réactions.

Nombreux sont les témoignages reçus; ils
disent combien Suzanne a changé la façon
d'aborder la souffrance, de vivre la
maladie, de préparer la mort.

Ce petit livre était simple comme le souffle
mais sa puissance de vérité a bouleversé
les lecteurs; ceux-ci m'ont souvent
demandé comment Marcel, Emmanuel,
Christophe et Pascal continuaient la route...
Ce texte est la réponse toute simple à cette
question.

Anne Sigier

«Un coeur tendre, qui hait le néant vaste et noir,
Du passé lumineux recueille tout vestige!
Le soleil s'est noyé dans son sang qui se fige...
Ton souvenir en moi luit comme un ostensoir!»

Charles Baudelaire

Première partie

Elle est morte!

Suzanne est morte!

Les enfants et moi sommes autour d'elle, au pied de son lit. Elle est entrée depuis quelques jours dans une maison de repos pour y mourir. Sa leucémie en était à la phase terminale. Son état n'avait cessé d'empirer et aujourd'hui, sa respiration s'est faite pressante, automatique, comme si elle n'était déjà plus là, comme s'il ne restait d'elle que l'écorce de chair qui s'acharnait à retenir la vie.

Suzanne est morte!

Elle s'est éteinte tout doucement. Son dernier soupir était si faible, si léger; mais également si lourd de toute une vie, de 46 années d'existence. En même temps que le souffle se retirait d'elle, c'est un cri qui est monté en moi, un cri qui venait du plus profond de moi. Le souffle me manque! Ce souffle que nous avions partagé pendant 13 ans ensemble: souffle de joie et de peine, souffle des douleurs d'accouchement, souffle pressant de l'amour, souffle calme du sommeil. Le souffle de vie.

Suzanne est morte!

Ses yeux se sont éteints: livides, étrangers, inconnus. A qui appartiennent ces yeux? Les yeux que je connais étaient si profonds qu'on y plongeait comme dans la mer. On pouvait s'y mouvoir à l'aise, sans risque d'être piégé, sans risque de périr. Ils chatoyaient, ces yeux, ils riaient aussi. Ils me regardaient d'un air complice, entendu. Ils me disaient: «Bien sûr... je sais!» Ils me rassuraient et me troublaient tout à la fois. Ils étaient clairs et mystérieux, forts et fragiles. Je les avais tant et tant regardés, ces yeux. C'étaient les yeux de la vie.

Suzanne est morte!

Les enfants pleurent, doucement, sans bruit, sans éclats. Les larmes coulent sur leurs joues en longues traînées. Ils sont tristes et ils ont peur. Peur de ce visage qu'ils ne reconnaissent plus, peur de ce qui va maintenant leur arriver. Elle était si douce, si patiente. Elle connaissait tout d'eux et savait les attendre. Elle devinait leurs désirs secrets. Ils sont si démunis devant une telle souffrance: Emmanuel, le plus vieux, sensible et fort; Pascal, un des jumeaux, clair et grave; Christophe, l'autre jumeau, profond et déterminé. Je les entoure de mes bras et je pleure avec eux.

Suzanne est morte, ce soir, à 20 heures, lundi le 27 avril 1987.

Hier, elle m'a parlé pour la dernière fois. Elle est restée ce qu'elle a toujours été: calme, lucide, sereine. Elle était plus présente que jamais. Nous nous sommes souhaité bon voyage. Je lui ai dit: «Adieu... attends-moi!» Elle m'a dit: «Au revoir... à bientôt.» Elle m'a donné ses dernières directives. Oh, peu de choses! le linge qu'il faut laver, la nourriture qu'il ne faut pas laisser perdre. «Dis aux enfants de bien se couvrir, le temps est encore frais.» Pas d'éclats, pas de bruit. Après deux ans de grandes émotions, d'espoirs fous et de résignation, nous n'avions plus besoin de parler. Tout avait déjà été dit, tout avait déjà été pleuré. Ses yeux se sont posés sur moi. Ils étaient pleins de tant de souvenirs communs. Elle m'a souri, de ce sourire énigmatique qu'elle avait parfois, puis elle a tourné la tête pour regarder dehors et elle a dit: «Que les fleurs sont belles!»

Suzanne est morte comme elle a vécu. Elle ne se faisait jamais de problème avec l'avenir ou le passé. Elle savait vivre le moment présent. Rien n'était compliqué pour elle; tout était possible. Etre en sa compagnie était facile. Il nous est arrivé parfois de changer de ville ou de pays. Lorsque ces choix-là se prenaient, ce n'était jamais compliqué. Même les décisions les plus folles n'ébranlaient pas sa sérénité.

Par contre, c'était loin d'être une femme passive. Attentive, à l'écoute, certes, mais pas soumise. La façon dont elle a vécu sa mort aurait pu laisser supposer un tempérament fataliste et pessimiste pour ceux qui ne la connaissaient pas. C'était tout le contraire. Je l'appelais «mon roc». Elle s'était construit une personnalité de granit, solide et dure à la fois, inébranlable. Ce qui en faisait une femme très exigeante pour elle-même, et parfois pour les autres.

Elle s'était créé un espace intérieur très compact où se nichait le meilleur d'elle-même. C'était son sanctuaire. Cet espace ne prenait pas beaucoup de place. Elle y avait mis tout ce qui avait de l'importance pour elle: quelques rares souvenirs d'enfance, des peines aussi, un ou deux projets fous, de longs moments de silence, des amitiés déçues et bien d'autres choses. Ce sanctuaire n'était pas gros, mais il était très intense. Il irradiait une chaleur douce, celle de la terre chauffée par le soleil.

Elle aimait avec grande générosité. Elle se donnait beaucoup. Mais ce don de soi ne se faisait jamais au détriment d'elle-même, de son sanctuaire. Cet espace qu'elle s'était créé, elle n'y renonçait jamais et elle était prête à le défendre avec la dernière des énergies. Je n'ai jamais pu entrer là et je n'ai jamais voulu le faire vraiment. C'était à elle, à elle toute seule. C'était son île lointaine. Elle pouvait laisser beaucoup de place à l'autre, mais lorsqu'il entrait trop loin, c'était fini. Elle se refermait comme une huître et elle devenait alors très sévère. Elle disait: «Ne viens pas chercher en moi ce que je ne peux plus te donner». J'ai appris avec elle le respect.

C'était une femme auto-nome, habituée à se débrouiller seule dans la vie. Elle avait à cet égard des ressources presque illimitées. Elle avait des doigts de fée qui lui fai-saient réussir tout ce qu'elle entrepre-nait. Elle avait même construit de ses mains une partie de nos meubles de maison. C'était une femme très orga-nisée et disciplinée lorsqu'il s'agissait de ses affaires ou des personnes qu'elle avait à coeur. Les enfants ont bénéficié de cette discipline qui n'était pas restrictive cependant. Une grande marge de manoeuvre était laissée à l'intérieur de certaines bali-ses. Peu de temps avant de mourir, elle avait même pensé à notre avenir, à la possibilité de déménager, d'acheter une autre auto. Je la taquinais alors pour sa «prévoyance». Je lui disais: «Quand tu seras morte, je ferai bien ce que je voudrai.» Elle m'a donné un certain nombre de conseils que je n'ai pas suivis. J'ai fait exactement ce que je voulais faire. Elle aurait d'ailleurs été très étonnée du contraire.

J'aimais l'intelligence de Suzanne. Non seulement sa capacité intellectuelle de comprendre les choses, mais surtout son intelligence du coeur. Elle se connaissait dans les moindres recoins. Ce qu'elle détestait par-dessus tout, c'était la manipulation. Elle voyait venir de loin les flatteurs. Elle était subtile et perspicace. Elle avait cette façon de lire en moi comme dans un livre ouvert. Je ne lui cachais rien et cela, elle savait l'apprécier. Je lui disais en riant: «Tu es une vraie sorcière. Des femmes comme toi, on a dû en brûler quelques-unes au Moyen Age». Elle avait vu clair dans son âme et elle voyait clair dans celle des autres. Son intelligence faisait peur à certains et en attirait d'autres.

C'était une femme entière construite tout d'un bloc, mais également si douce, si douce. Suzanne avait la violence en horreur. Elle la sentait physiquement autour d'elle et en restait même paralysée quelquefois. La violence la démontait complètement jusqu'à lui faire perdre ses moyens. Moi qui ai un tempérament plutôt «soupe au lait», j'ai dû rapidement apprendre à me maîtriser. Cette femme était un puits sans fond lorsqu'il s'agissait de recevoir de l'affection. La moindre marque de tendresse la comblait, le moindre bouquet de fleurs emplissait ses yeux de larmes... elle qui ne pleurait jamais.

Le lundi 27 avril 1987, à 20 heures, cette femme est morte... et je suis mort avec elle.

Où est-elle?

Je me réveille la nuit et je trouve une place vide là où elle respirait, où elle dormait, où elle vivait. Où est-elle maintenant? Dans quel univers, dans quel monde étrange et étranger? Je n'en ai aucune idée; je ne le sais pas. Et je ne le saurai jamais non plus. Ce qu'il me reste d'elle, c'est la blessure laissée par son absence. Une profonde blessure au coeur. C'est vide et froid, glacial même. Je gèle.

«Où es-tu, Suzanne? Es-tu quelque part? Ce 'quelque part' existe-il? Ne t-en va pas! Ne me laisse pas ici tout seul!» Je serre l'oreiller sur lequel elle dormait, je le sens, je le hume. Il me semble qu'il est encore imprégné de son odeur. Je sanglote dedans, pour étouffer le bruit, pour étouffer la douleur. «Il est minuit et tout va bien.»

Je suis comme un boxeur dans l'arène qui tient le coup en attendant que la cloche sonne. Affectivement, je me sens complètement désorganisé et je compense par une super organisation matérielle. La maison est très bien tenue. Financièrement, ça va. C'est ma façon de contrôler la situation. Mais en réalité, je tombe en battant l'air avec mes mains. Je n'ai plus personne sur qui m'appuyer, personne à serrer dans mes bras. Je suis comme un aveugle qui cherche à tâtons son chemin. La nuit m'entoure, me cerne, me trompe. Où es-tu, mon refuge? Je cogne à ta porte, et personne ne répond. Que donnerais-je pour entendre encore ta voix me dire: «Viens... entre!».

Au début, les gens que je rencontrais me disaient: «C'est triste, bien sûr, mais Suzanne doit t'être présente, et même plus qu'avant.» Ce que je répondais alors était: «Ce n'est pas sa présence que je ressens, mais son absence.» Elle n'est plus là... physiquement plus là! Je ne la touche plus, je ne la sens plus. Et cela, c'est terriblement dur. Il y a un vide physique, un trou matériel. Elle n'est plus dans mes bras; je ne peux plus la caresser, l'embrasser. Elle n'est plus dans mon lit, je ne la serre plus et elle ne me serre plus. C'est simple. Toute autre considération était pour moi superflue, impertinente.

Cette absence physique m'a étonné. La relation que nous avions, Suzanne et moi, n'était évidemment pas purement spirituelle. La relation charnelle prenait une importance certaine. Mais j'étais loin de me douter que c'est le vide physique qui serait le plus pénible à supporter au début. Cela a duré longtemps, peut-être deux ou trois mois, avant de pouvoir reprendre le dessus. Je n'ai d'ailleurs jamais voulu me complaire dans cet état. Il arrive que des gens ne veulent pas se séparer d'un vêtement ou d'un morceau de tissu qui rappelle la présence de la personne aimée. Personnellement, je n'ai jamais voulu garder ce genre de souvenir. C'était un rappel trop physique de Suzanne.

Pour vivre les six premiers mois d'un deuil, il faut de bonnes assises morales, des valeurs bien trempées sur lesquelles on doit pouvoir s'appuyer. On bouge, on marche, on entend et on parle, mais on ne vit plus. Le goût de la vie n'y est plus. Ce qui fait que la vie est agréable à vivre a disparu. Ce qui avait de la saveur s'est affadi. Il ne reste que la chair, le mouvement et l'habitude. On est comme une coquille vide. Alors, il faut continuer, faire semblant de vivre. Pendant ces mois, on est comme le capitaine d'un vaisseau qui affronte un ouragan. Il est concentré sur les tâches à accomplir, il prend soin des détails, réconforte les passagers et tient le cap. S'il a peur, il prend courage. S'il pense que tout est fini, il ne le montre pas. Il fait ce qu'il doit faire et ne désespère jamais.

Les six premiers mois du deuil sont une période d'hibernation. On est sous anesthésie générale. La seule chose que l'on sache bien faire est pleurer. Les pleurs lavent, nettoient, nous font sentir que nous sommes encore vivants. Car nous ne sommes plus sûrs d'être vivants. La souffrance est trop forte, les chairs sont à vif. Les larmes montent en nous comme un orage d'été. Tantôt elles brisent les digues et sortent en trombe, tantôt elles coulent doucement, silencieusement, presque à regret. Une chanson tendre, un film sentimental: on pleure; la parole anodine d'un ami, le silence: on pleure. Et lorsque les larmes ne sortent plus, on pleure en dedans.

Après six mois de deuil, c'est la période de «décongélation». Tous les muscles et les chairs, tous les sentiments qui fonctionnaient au ralenti se mettent en marche en même temps. C'est comme une dent anesthésiée qui commence à dégeler. La vie reprend ses droits et c'est par la souffrance qu'elle nous ramène à la réalité. Les choses reviennent dans l'ordre. Arrive alors une période de grande confusion qui est particulièrement pénible. Les émotions s'embrouillent et sont difficiles à contrôler. Dans ces moments-là, on se sent extrêmement fragile.

C'est dans mes rapports avec les femmes que s'est manifestée le plus clairement ma fragilité. Avec Suzanne, j'avais réglé depuis longtemps cette question. Mes frontières étaient clairement établies et j'avais développé plusieurs moyens pour les rendre visibles aux yeux des autres femmes. Tout cela m'avait assez bien servi jusqu'à maintenant. Dorénavant, tout était différent. J'étais un homme libre et mon besoin de proximité avec une autre femme s'éveillait brutalement. Tout se confond: besoin d'affection et de tendresse, besoin de parler, de rire et de pleurer avec quelqu'un, besoin d'amour et d'amitié.

Puis les questions nous assaillent. Une autre femme? Pourquoi? Pour remplacer la première? Sûrement pas, puisque je sais qu'elle restera toujours irremplaçable. Pour satisfaire mes désirs renaissants? Non car, malgré mon trouble, je connais la différence entre désirs immédiats et passion d'une vie. Mais alors, pourquoi? ... Pour cesser de souffrir. Pour arrêter le mal. Parce que six mois de telles douleurs, c'est suffisant. Assez... assez!

Il faut alors laisser filer le temps, le laisser passer. Ce n'est pas

le moment de s'engager avec une autre. Tout est trop complexe à démêler.
Tout est trop confus.

A la fin de ces six mois, j'ai
fait le point dans mon journal: «Depuis une semaine, les enfants sont
rentrés à l'école. La vie a repris son
cours normal mais je n'ai jamais
trouvé cela aussi dur. On dirait
qu'après avoir passé l'été, un été très
rempli pour les enfants et pour moi
aussi, je me retrouve à la normale.
Mais justement, cette normale n'est
pas tellement rose. Seul.

«Les enfants sont là bien sûr;
ils sont gentils, plus que jamais d'ailleurs. Ils grandissent de corps et d'esprit. Et ils prennent beaucoup d'importance pour moi. Ils ont besoin de
moi et moi, tout à fait autrement, j'ai
besoin d'eux. Mais en même temps,
ce soir, j'ai écouté une chanson où il

est question de souvenirs: «Un souvenir heureux, c'est mieux que le bonheur». J'ai pleuré. Suzanne me manque terriblement... terriblement! Le soir, à cette heure-ci, elle était couchée dans notre lit. Elle était là, elle dormait. Mais même endormie, elle avait cette présence si forte, si pleine. Ce soir, c'est froid, c'est vide. Je me retrouve en face de moi, me disant que je devrai continuer à vivre sans elle. La solitude me pèse.

«Jusqu'à maintenant, j'avais bien pris soin de ne fonctionner que 24 heures à la fois, sans regarder trop en avant. Je commence cependant à lever les yeux, à voir plus loin et ce que je vois me fait peur. Je ne devrais pas faire cela. J'ai encore un bout de chemin difficile à passer, je le sais. Il y a sûrement encore de belles choses devant moi. Mais pour le moment, je ne peux même pas les imaginer, ça me fait mal. Ce que je fais présentement, c'est que je tiens le coup. Même si la douleur est moins vive, je ressens l'absence de Suzanne comme un trou dans le coeur. Puis je me demande si ce trou va se refermer un jour, ou si je devrai m'habituer à vivre avec cette béance?

«Il y a des choses que je pense ne jamais retrouver: ces moments de bonheur qu'on avait ensemble, ce bonheur tranquille, cette certitude. Je ne sais pas si je retrouverai cela un jour. Il y a vraiment des hauts et des bas. Il y a des périodes où l'on y pense moins. Par contre, depuis quelques semaines, c'est effrayant comme je pense à elle... je pense à elle. Elle me manque.»

A la recherche de la source

Au printemps, en sentant les odeurs et en voyant sortir les fleurs qu'elle aimait tant, j'ai pleuré pendant une semaine. Tout me rappelait Suzanne, je la voyais marcher lentement autour de la maison, à l'affût de la moindre petite pousse. Comme elle avait le don de l'émerveillement parfois. Elle renaissait au printemps.

Seul. Je suis seul.

Drôle d'état que la solitude du veuf. C'est une situation ni voulue, ni souhaitée. La solitude est plutôt le résultat d'un transfert. La douleur vive s'estompe et une espèce de présence avec soi-même s'installe à la place; une espèce de mise-en-face-de soi. C'est l'absence de relation, la non-présence de l'autre qui provoque cet état et non le produit d'une recherche de soi-même. C'est le temps de faire le bilan.

La souffrance peut nous détruire, elle peut aussi nous transformer. De toute façon, pas d'amour sans souffrance. La peur de souffrir entraîne la peur d'aimer. Quand je pense à Suzanne, c'est au degré de profondeur de notre amour que je pense. A ce niveau, la souffrance et l'amour se fusionnent et créent un nouvel espace. Dans une relation amoureuse, il existe plusieurs niveaux: affectif, intellectuel, épidermique. Il y a de l'amour charnel et de l'amitié, des joies et des peines.

Quand un couple persévère, il atteint parfois des niveaux plus profonds, là où se retrouvent la complicité et la fidélité. Il peut aussi atteindre cet espace au plus profond de chacun, cet espace proprement spirituel, là où les mots sont inutiles. Chacun sait où il est et reconnaît sa véritable place comme être humain. Quand je pense à Suzanne aujourd'hui, c'est à mes rapports à ce niveau avec elle que je pense; c'est à ce fond de nous-mêmes qui nous dépassait tous deux, qui était au-delà de nous, infiniment.

Le temps passant, la douleur est toujours présente mais elle est moins vive. La douleur de la perte, la douleur de l'absence est moins forte.

La mémoire oublie les mots et les formes; elle oublie les visages. Heureusement que la mémoire se perd, sinon quel enfer! Seuls les souvenirs restent, figés dans une parole, dans un parfum, dans un geste de la main ou dans une attitude du corps. Et même alors, ils sont moins fréquents et reviennent moins souvent. On se surprend à ne plus pouvoir se rappeler. Qui es-tu Suzanne?

Je commence à ne plus avoir d'images d'elle. J'oublie les émotions vécues ensemble. C'est comme un portrait qui s'efface tranquillement, qui disparaît. Moi qui pensais que je ne pourrais jamais vivre sans elle, je suis tout surpris de voir que je suis encore en vie et que je suis relativement bien dans ma peau. Cela me pose question sur les rapports étroits que l'on peut entretenir avec une autre personne: jusqu'à quel point ne se leurre-t-on pas? Jusqu'à quel point ne se joue-t-on pas la comédie lorsqu'on présente l'autre comme un deuxième soi-même, cet autre tellement indispensable que l'on mourrait s'il disparaissait? Voilà une idée à laquelle on aime faire semblant d'adhérer, mais y croit-on vraiment? Parce qu'en définitive, même lorsqu'on est deux, on reste seul avec soi-même. Et on sait qu'on doit se construire seul, sans l'intermédiaire de l'autre.

Rien ne demeure, tout passe. Il n'y a pas tellement longtemps, je me voyais heureux avec elle, avec ma famille. Le sentiment que j'éprouvais alors était que tout va toujours rester ainsi: immuable, permanent, stable, fixe. Mais en fait, tout change, toujours. Il y a quelque chose d'exceptionnel dans ce bonheur, dans cet état de bien-être. Ce n'est pas «normal» ce bonheur. C'est un cadeau que j'ai reçu, qui m'a été donné de surcroît. Quand ce bonheur m'est enlevé, cela aussi n'est que «normal». On pense parfois que le bonheur est un idéal qu'il faut atteindre dans la vie. Mais, il n'y a rien à atteindre dans la vie, puisqu'il n'y a rien qui dure sur cette terre. Tout s'évanouit, tout change, rien ne reste stable et fixé.

Alors, que reste-t-il donc? Quand je réfléchis à cette question, j'aime à me rappeler une lettre que j'ai reçue d'une amie qui a vécu longtemps aux Indes et dont la spiritualité est très marquée par la philosophie orientale. A propos de Suzanne, elle écrivait que cette dernière avait trouvé sa Source et que nous, les humains, nous continuions notre Pèlerinage, c'est-à-dire la quête incessante de notre Source. Je suis très frappé par ce symbole. Nous sommes dans un pèlerinage, en quête de ce qui est le plus profond en nous, notre source. Et un pèlerinage, c'est une marche continuelle vers quelque chose d'autre, vers un ailleurs. Le pèlerin ne s'arrête jamais, sinon pour prendre un peu de repos afin de repartir. Il est très heureux lorsqu'il rencontre une oasis, une petite source à laquelle il peut s'abreuver. Mais lorsque le pèlerin s'arrête définitivement en pensant qu'il est arrivé, il se trompe douloureusement et la vie se charge de le lui rappeler.

J'ai appris, et souvent de dure façon, que beaucoup de choses sont relatives: nos idéologies et nos valeurs changent, nos joies et nos peines s'évanouissent. Même l'amitié et l'amour sont éphémères. Ce qui reste, ce qui est permanent, c'est la quête de l'essentiel. La quête intérieure d'abord, la conscience de plus en plus claire de ce que je suis réellement. La quête de l'autre ensuite, dans ce que l'autre a d'essentiel. La quête des autres enfin, pèlerinage difficile, parsemé d'illusions. Cette quête reste en fait la seule raison de vivre.

Je suis encore tout ébloui par la façon dont Suzanne est morte. Elle disait : «Je mourrai debout, et non pas à genoux.» J'ai admiré son courage, sa façon de vivre la mort. Ce qu'il y a de plus beau dans le décès de Suzanne, c'est qu'elle a affronté la mort avec dignité. Sa mort nous montre le chemin, la voie à suivre, le mode d'emploi. Nous sommes des vivants en sursis et nous aussi nous allons mourir. Qu'y a-t-il de mieux à faire que de chercher la vie, la vraie vie? Car nous avons le désir de nous accomplir, de faire quelque chose de notre vie, de construire quelque chose de durable. Nous avons le sentiment profond que cette vie-là n'est pas absurde, que nous ne sommes pas là juste de passage. Nous voulons laisser nos traces, nos marques.

Mais la mort qui est vécue de cette façon-là par des gens comme Suzanne démontre que les traces qu'on peut laisser sont précaires. Est-il possible de centrer notre vie uniquement sur l'éphémère? Suzanne et moi avons pu nous engager ensemble dans la recherche de l'essentiel, et ce n'était là qu'un aperçu de ce que ce sera dans la plénitude de la mort. Dans tous mes désirs et dans toutes mes constructions dans ce monde, dans les traces que je veux laisser, il y a toujours un reflet de cette quête. Et je ne crois pas que ce soit une fuite en avant. C'est une quête tranquille, vécue dans le quotidien: recherche spirituelle qui donne à la mort un visage humain.

Vivre avec l'autre

Suzanne... Suzanne... je sais que tu m'écoutes! Te souviens-tu du bon temps passé ensemble? De nos fous rires et de nos luttes, de nos projets réussis et avortés? Tu m'appelais ton «soleil», je t'appelais mon «trésor caché». Nous étions bien ensemble. Tu m'as dis avant de partir: «Tu ne resteras pas seul longtemps, car toi, tu es un «aimant», tu attires l'amour des autres». Aimer... aimer... aimer!

Vivre avec l'autre toujours à ses côtés, toujours présent, ça ne s'enseigne pas à l'école. Rien ne nous prépare vraiment à la vie de couple. C'est un apprentissage par essais et erreurs où l'enjeu n'est pas clair au départ. Suzanne et moi sommes entrés dans ce projet en étant conscients des risques que nous prenions et en faisant confiance à nos capacités d'aimer. Après treize ans de vie commune, je n'ai cessé de la découvrir, d'inventorier en elle de nouvelles dimensions. Elle est parvenue à me surprendre, à m'émerveiller. Il est si facile de se refermer sur soi et de dire: «Je te connais, je sais tout de toi!» C'est si facile ... et si trompeur.

Nous avions développé ensemble beaucoup de complicité. Un seul coup d'oeil suffisait pour nous comprendre. Un mot prononcé avec une certaine intonation, un geste anodin posé avec négligence: tout était conversation. On en riait souvent, on s'en servait parfois. Le regard précédait la parole. Un tel niveau de complicité est proche du bonheur.

Suzanne n'a jamais voulu me changer. Plutôt, elle savait reconnaître en moi des aspects cachés à mes propres yeux. Elle me faisait naître, me mettait au jour. Elle avait une façon bien à elle de me réconcilier avec moi-même. «Tu as les défauts de tes qualités» me disait-elle souvent. Avec elle, j'ai appris à m'aimer, à m'apprécier à ma juste valeur. Je n'ai jamais voulu la changer. J'aimais ce qu'elle était, tout ce qu'elle était. Même ce qui m'agaçait en elle était précieux à mes yeux. Pour moi, vouloir changer l'autre, c'est le dénaturer, le rendre insipide, le mettre à ma mesure.

Notre amour était fait de respect mutuel, de grand respect. Il n'y avait aucune place pour la jalousie. Il n'y en a jamais eu, ni de son côté, ni du mien. Non parce que nous étions liés l'un à l'autre par un contrat de mariage, mais plutôt à cause du type de connivence que nous avions établi ensemble. J'ai l'intime conviction que si je l'avais sentie dépérir à mon contact ou si je l'avais sue plus heureuse avec un autre, j'aurais accepté qu'elle me quitte. Elle pensait exactement comme moi sur ce point, j'en suis certain.

Nous nous sommes pardonnés aussi. Elle a pardonné mes colères, mes manques de confiance, mon égoïsme. Je lui ai pardonné ses moments de fermeture, ses rancunes, son orgueil. Pardon est un grand mot, souvent mal compris. Le pardon n'a de sens que dans l'amour. Parce qu'on s'aime, on est prêt à accepter de quelqu'un ce que l'on n'accepterait pas d'un autre. Pardonner à celle qu'on aime, c'est accepter avec difficulté qu'elle n'a pas fini de s'accomplir.

Le pardon fut parfois difficile pour moi. Entre autres, j'ai mal accepté le fait qu'une femme comme Suzanne, avec de telles capacités, ne prenait pas tous les moyens pour les faire rayonner. J'ai compris avec le temps que son passé, son éducation et sa formation l'avaient entraînée à garder au fond d'elle-même ses talents. Elle disait souvent: «Moi, je sais que je suis capable... et ça me suffit!» Je lui répondais en maugréant: «C'est manquer à ta responsabilité que de ne pas en faire profiter les autres.»

Lorsqu'elle a publié son livre, juste avant de mourir, ce fut une révélation. Enfin, Suzanne qui se livrait. Elle disait tout. Plus de respect humain, plus d'orgueil, plus de fausse modestie. La vérité toute nue, dure et pure, rocailleuse comme une route de montagne. Elle y a tout mis d'un seul coup. Quelle femme!

J'aimais faire l'amour avec elle. La relation que nous avions ensemble nous satisfaisait, suffisamment du moins pour que nous n'ayons pas envie d'avoir d'autres partenaires. Notre amour n'avait pas débuté par un feu passionné. Notre relation a d'abord été très intellectuelle. Nous sommes entrés en contact par la parole. J'avais besoin de parler, beaucoup. Elle m'écoutait, me comprenait et me parlait à son tour. Nous avions raffiné l'art du dialogue.

Beaucoup de temps s'est écoulé avant nos premiers rapports sexuels. Nous vivions cela de façon assez différente. Pour elle, il n'y avait jamais de problèmes; tout était correct. Pour moi, c'était un peu plus torturé. Elle m'a appris la détente, je lui ai donné ma chaleur. Ce fut comme un cadeau que nous nous faisions, inattendu et imprévu.

Le plus intéressant dans notre relation amoureuse, c'est la satisfaction que chacun en retirait. Nous nous sentions bien ensemble dans ces moments-là. Oh! pas l'extase à tout coup. Non. Plus simplement, une grande proximité, un sentiment de plénitude. Trouver le bon rythme, la clé de l'accord. Ne pas brusquer, sentir l'autre, l'attendre... et renoncer s'il le faut. Prendre sans fausse pudeur, avec tendresse. Alors, le temps s'arrête et on s'élève. «Là, tout n'est qu'ordre et beauté. Luxe, calme et volupté.» Sublimes instants, alchimie de l'amour.

Pour arriver à s'aimer ainsi, il faut du temps. La relation amoureuse nécessite une accumulation de petites choses quotidiennes: du silence, des regards, du travail en commun, des gestes cent fois répétés, des peines aussi, des conflits et des réconciliations, des mots banals, des phrases inutiles. Il en faut beaucoup pour que cette relation prenne son véritable sens, pour qu'elle nous comble.

Pour l'instant, je dois renoncer à ce type de relations. Car je n'accepte pas de relations tronquées, de relations qui ne seraient pas chargées du poids des heures. Mon abstinence n'est pas celle du célibataire cependant. Elle n'est pas voulue et assumée. J'ai connu le plaisir. J'ai été touché, marqué. Le désir est inscrit dans ma chair, je n'y peux rien. Et ce désir reste intact, il me traverse et m'appelle.

Mais je sais aussi que vivre avec quelqu'un pendant longtemps demande beaucoup d'investissement personnel. C'est précisément cet investissement qui en donne le prix. Suis-je prêt à m'engager de la même façon avec une autre femme? La vie commune m'a appris ce que je veux et ce que je ne veux pas. Se réorganiser affectivement avec une autre personne, c'est toute une entreprise. Il y a des risques et des embûches. J'en connais sûrement un bon nombre et j'aime mieux ignorer les autres. Je sais aussi ce que cela suppose de constance et de fidélité. Je ne suis pas sûr d'être prêt à envisager la vie avec une autre. J'ai peur et j'en ai envie tout à la fois.

«Apprivoise-moi!»
dit le renard

Emmanuel est un grand fleuve tranquille
qui cache dans ses eaux profondes
des remous.
Son cours est majestueux et
son lit est entouré d'harmonieuses collines.
Ne vous y trompez pas!
Son courant est fort, capable de faire
chavirer un navire.
Mais il préfère laisser glisser sur son dos
les esquifs qui y naviguent.
Calme et souverain, sûr de sa puissance.

Pascal est un oiseau des îles
dont le plumage séduisant
se colore de mille feux au soleil.
Son chant est grave et mélodieux.
Il est toujours perché sur la plus haute
branche d'un arbre,
le regard tourné vers l'horizon,
loin des humains et de leurs machines.
Parfois on le voit voler,
emporté par le vent,
libre.

Christophe est une forêt dense,
peuplée de fées et de lutins.
Généreuse et prolifique,
brune dans ses recoins et
vert tendre dans ses sous-bois,
elle fait trembler
les aventuriers imprudents
qui veulent percer son mystère.
Lierres, racines, fleurs et feuilles
s'entrelacent pour former
des dessins merveilleux.

Mes fils ont vécu la mort de leur mère chacun à leur façon. Ces enfants sont très solides au fond d'eux-mêmes, et très sensibles également. Leur souffrance est grande, d'autant plus qu'ils ne la comprennent pas. «Pourquoi maman est-elle morte?» Y a-t-il vraiment un sens à tout cela pour des enfants de treize et de onze ans? Pas de révolte véritable chez eux, mais plutôt une tranquille et douloureuse acceptation. Comme s'ils saisissaient mieux que nous, les adultes, ce que la mort a d'inéluctable.

Les rapports avec mes enfants ont changé. Ces derniers sont comme le renard du Petit Prince qui demande à être apprivoisé. Je me sens responsable d'eux. Je suis incapable de songer même à m'en éloigner, à les mettre en pension ou quoi que ce soit d'autre. «Je ne vous laisserai jamais tomber, les gars!» Ils se sont sentis en sécurité, protégés des coups du sort.

J'ai assumé comme j'ai pu ces responsabilités. Ce n'est pas de tenir une maison qui est difficile, c'est plutôt de n'avoir personne avec qui prendre les décisions importantes. J'ai peur lorsque mon regard porte trop loin. Mes fils étaient très proches de leur mère. Ils s'y référaient beaucoup. Dorénavant, c'est sur moi que repose leur attente. Que dois-je faire? Que dire et quand?

Je n'ai pas essayé de forcer la porte de leur intimité. La douleur qu'ils vivent leur appartient. Cependant, il n'était pas question de faire de la mort de Suzanne un sujet tabou. J'en parle librement quand j'en sens le besoin et je veux que les enfants fassent de même. Ils ne l'ont pas fait souvent. Il y a chez eux une espèce de pudeur dans l'expression de leurs sentiments. Ils préfèrent sans doute se cacher pour panser leurs blessures.

Je suis très attentif et très présent aux enfants. Cette attention est silencieuse la plupart du temps. Je surveille leur comportement scolaire surtout en supposant, à tort ou à raison, que c'est à l'école que les effets du deuil se feront surtout sentir. J'effectue régulièrement des coups de sonde pour savoir où ils en sont. Il est vrai que Suzanne les avait magnifiquement préparés avant de mourir. Il m'est arrivé de demander à un enfant: «Tu ne trouves pas cela trop dur de ne pas parler avec maman?» Il m'a répondu: «Je lui parle tous les soirs avant de m'endormir: maman a dit qu'elle m'écouterait.»

Les enfants ont perdu un des deux piliers sur lesquels ils s'appuyaient. C'est extrêmement important pour eux. Il fallait tout reporter sur un seul. Comment cela se passera-t-il? Papa n'est pas maman, ils ne saura jamais la remplacer. J'assume ce double rôle sans que cela pose trop de problèmes jusqu'à maintenant. Comme je suis très tactile, je les touche beaucoup, je les caresse et les embrasse. Il est nécessaire qu'ils sentent physiquement que je suis présent. Il y en a même un qui est presque aussi grand que moi. Je le prends quand même dans mes bras, lui donne des petits baisers et le berce parfois. Cela me fait autant de bien qu'à lui. On a toujours quelque part au fond de nous un enfant qui demande à être bercé.

Il est arrivé souvent au début que mes fils jouent un rôle protecteur à mon égard. «Tu te sens bien, papa? Tu n'es pas malade, n'est-ce pas?» Il suffisait parfois que je me plaigne d'un petit mal de dos pour que les questions recommencent, pressantes, anxieuses. Evidemment, s'il avait fallu qu'ils perdent l'autre point d'appui! A ce moment-là, je leur disais: «Ecoutez, vous avez vos difficultés et moi, j'ai les miennes. Je ne veux pas que vous portiez mes problèmes. Contentez-vous d'assumer les vôtres et je me débrouillerai avec les miens.» A partir de ce moment-là, j'ai dû doser mes interventions portant sur mon état de santé.

Ces enfants resteront profondément marqués par la mort de leur mère, mais ils n'en garderont aucune culpabilité, comme c'est parfois le cas: «Si j'avais été plus sage, maman ne serait pas morte!» Lorsque Suzanne était malade, il arrivait que certaines personnes qui connaissaient mal la leucémie faisaient devant les enfants des affirmations comme celle-ci: «C'est parce que tu travailles trop, que ta charge est trop lourde que tu es malade.» Nous prenions soin alors de replacer les faits avec vigueur. Quel désastre si les enfants avaient cru un tant soit peu qu'ils étaient pour quelque chose dans le décès de leur mère. La mort frappe qui elle veut au moment où elle le veut. Nous avons peu de prise sur elle.

Depuis la mort de Suzanne, j'ai investi beaucoup de temps et d'énergie dans mes enfants. Ils furent importants pour m'aider à reprendre pied. Ils m'ont obligé à garder courage et à ne pas lâcher, à regarder autre chose que ma douleur. Lorsqu'on a une responsabilité comme celle-là, on n'a pas vraiment le choix de continuer. Mes fils ne pouvaient pas risquer une autre perte.

Cette responsabilité m'a fait prendre conscience du lien affectif étroit qui m'unit à eux. Ce lien affectif n'en est pas un de dépendance cependant. Je ne les garde pas près de moi parce que je ne pourrais pas m'en passer. Ce serait leur rendre un bien mauvais service... et à moi également. Mon amour pour eux est fonction de leur départ éventuel: je les prépare à me quitter et donc à souffrir encore. Je les aime comme un père et un pédagogue. Ils découvrent le monde : surpris, étonnés, émerveillés.

J'aime bien les voir grandir et progresser. Leur intelligence se développe de façon étonnante: c'est comme un arbre dont les branches et les feuilles poussent dans toutes les directions à la fois. Tout à coup, on se rend compte qu'ils raisonnent déjà comme des adultes. Ils sont attentifs et pleins de vie, prêts à découvrir de nouveaux horizons, capables d'investir encore une fois dans l'amour. Il ont reçu l'espoir en héritage.

Un bal masqué

La vie est comme un grand bal masqué. Certains dansent au milieu de la salle en essayant de suivre le rythme. D'autres attendent on ne sait trop quoi dans un coin. Ailleurs, des groupes se forment, indifférents à leur entourage. Des relations se nouent et se dénouent. De nouvelles amours se tissent. Des vies se jouent. Grandes joies et bonheurs déçus, désirs refoulés, amitiés désintéressées, cruelles déceptions et espoirs sans bornes.

Masques blancs ou noirs, masques de soie ou de carton, masques d'animaux ou d'horreur, masques élégants ou exotiques. Certains masques sont collés à la peau, d'autres cachent une face hideuse. Parfois les masques et les visages se confondent dans l'anonymat. Mais qu'y a-t-il derrière ces masques impersonnels et trompeurs? Des enfants tristes et désemparés qui se cherchent du regard.

Dans un bal masqué, la règle du jeu est claire: ne révéler son identité qu'à la fin de la soirée. Car ces masques sont nécessaires pour la plupart d'entre nous. Ils cachent notre orgueilleux sourire et nos grimaces de douleur. Ils nous protègent et nous rendent invulnérables. Ils nous permettent de survivre parmi les autres; ils donnent l'illusion d'être différents, de se distinguer de la foule.

Certains ne jouent pas et il arrive qu'ils en meurent. D'autres acceptent librement de se découvrir avant la fin, parce qu'ils s'y sentent prêts. L'intolérance commence au moment où quelqu'un force l'autre à se démasquer: la première chose qu'un tortionnaire fait avec sa victime, c'est de la dénuder.

Au-delà du masque, chaque personne est pour moi un constant sujet d'émerveillement. Derrière l'épaisse carapace ou le voile diaphane, un coeur bat. Pour en arriver à voir cela, je dois lutter constamment contre mon propre masque. La mort de Suzanne m'a rendu à cet égard plus lucide, plus sensible aux autres. Je saisissais parfaitement la réaction de l'autre à mon égard. Je savais reconnaître la peur dans ses yeux, peur incontrôlée du vide de sa vie. C'était la même peur que la mienne. Je savais aussi discerner le vrai courage de ceux qui vont jusqu'au bout de la nuit. Courage qui fait de nous des frères et des soeurs échoués sur une même île déserte.

Cette fraternité est un don précieux. Je l'ai intensément ressentie aux funérailles de Suzanne. Il y avait dans l'église une majorité de personnes que je ne connaissais guère. Elles étaient venues pour Suzanne mais aussi pour marquer leur solidarité avec ses proches. J'ai eu un moment le sentiment que nous ne formions qu'un seul corps embarqué sur le même voilier fragile, perdu dans l'océan, au milieu de nulle part: masse compacte, craintive et tremblante devant l'immensité, le regard inquiet fixé sur l'horizon, l'oreille tendue vers la vigie, à l'affût d'un «Terre!... Terre!»

C'est lors d'un deuil qu'on comprend jusqu'à quel point les amis sont indispensables. Dans ces moments-là, il m'est arrivé d'avoir l'air prostré dans ma souffrance, harassé ou abattu, froid ou indifférent. Peu importe l'image que je projetais, elle était rarement attrayante. Pourtant, des amis m'ont accompagné, ils sont venus me visiter, se sont assis à côté de moi et n'ont rien dit. Ils ont vibré à ma douleur, senti mon gouffre et ils se sont tus. Ils sont venus pour moi. Car je ne vois vraiment pas pour quelle autre raison ils seraient venus. Ils n'avaient rien à gagner, aucun intérêt à être en ma présence. Ils étaient là pour moi. J'ai découvert la générosité.

Lorsque je rencontre un ami, ce n'est pas ce qu'il dit ou ce que je lui dis qui importe, c'est le fait qu'il soit là, présent en face de moi. Il me parle, il me sourit ou il pleure avec moi, ce qui atteste hors de tout doute que j'existe et que j'appartiens toujours à ce monde-ci. Je suis encore vivant puisque des gens me voient et m'entendent, ils conversent avec moi et je leur réponds. L'autre est un miroir qui me renvoie une image réelle, non déformée de moi-même.

A la suite d'un deuil, certains se renfrognent et d'autres se replient sur leur passé. Moi, j'ai envie de reprendre la danse où je l'ai laissée. Je veux vivre. Mais cette fois, sans conditions, sans attentes, sans regrets, en pleine possession de mes moyens. Je veux jeter mon surplus de bagage, voyager à l'aise, libre de trop d'attaches inutiles. Chaque minute compte, chaque heure fuit sans retour. Il est plus que temps d'apprendre à aimer. Je veux recommencer à aimer.

La porte étroite

Etre croyant n'est pas facile. Il faut entrer dans la foi par la porte étroite. Etre croyant suppose d'avoir fait le tour de son jardin, d'avoir été remis en question, d'avoir atteint le fond de soi-même. «Ligne d'ombre», heure de vérité que l'on cherche constamment à éloigner. Et puis arrive un moment où la confrontation avec soi est inévitable. Véritable lutte de Jacob avec l'ange d'où l'on ne peut sortir que meurtri, infirme, mais vainqueur; sinon, on meurt. Lorsque vient le temps des désillusions, il est possible de se fermer les yeux pour ne rien voir. On peut aussi faire un acte radical de confiance: acte caché, acte libre, répété sans relâche.

Suzanne faisait tous les jours cet acte de confiance. Sa façon de le faire était cependant différente de la mienne. Pour elle, la nature tout entière lui parlait de Dieu: les fleurs, un arbre, le soleil, une roche. Sa spiritualité était universelle et cosmique. Pour moi, tout est centré sur les humains, leur histoire, leur valeur morale, les questions de justice et de fraternité, etc. Par contre, lorsqu'elle a parlé dans son livre de son«pari de foi», j'ai parfaitement compris ce qu'elle voulait dire. La foi, c'est un saut dans le vide: terrible décision, mais ô combien salutaire.

Un croyant, ce n'est pas quelqu'un qui a réglé tous ses problèmes du seul fait qu'il a la foi. C'est celui qui accepte le saut dans le vide, qui met sa confiance en Quelqu'un qu'il ne verra jamais de son vivant. Suzanne a fait confiance. Elle a fait confiance lors de certaines périodes cruciales de sa vie. Elle a continué à faire confiance à l'ultime moment. Elle avait appris l'abandon et la dépossession en empruntant la voie la plus ardue: la solitude. Sa mort a été en continuité avec sa vie sur le plan spirituel. Rien de plus et rien de moins.

J'entends certains dire: «Pour toi, la mort, ce n'est pas la même chose. Tu es croyant, donc tu es sûr qu'elle est près de ton Dieu et qu'elle t'attend. Tu es sûr également que tu iras la rejoindre un jour.» Tout ce que je puis dire, c'est que ce n'est pas ainsi que je ressens cela. Moi, je cherche Suzanne! Elle n'est pas là! Elle n'est plus là, elle est partie. Ce n'est pas vrai qu'elle est là. Un croyant, ce n'est pas un être désincarné, flottant à quelques pieds du sol et regardant de haut sa vie. Quand la mort le frappe ou frappe l'être aimé, il souffre atrocement et il ne comprend pas plus qu'un autre ce qui lui arrive.

Par contre, comme croyant, je sais qu'il y a un autre niveau que celui qu'on voit et qu'on touche à tous les jours. Cela, j'y crois fondamentalement, j'y croyais quand Suzanne vivait et j'y crois encore aujourd'hui. Quand je me mets à réfléchir, à redescendre au fond de moi-même, au niveau de profondeur qui est celui de la foi, je peux dire: «Elle est vivante, elle est là.» Dès lors, j'atteste de mon lien privilégié avec elle. Lien indicible et inexplicable, mais lien tout de même.

Mystère de l'invisible qui donne de l'épaisseur à un monde sans relief, terne et froid comme de l'acier. Mystérieuse Suzanne.

Voilà sans doute pourquoi je n'ai jamais perdu courage. Mon deuil s'est passé dans une véritable paix intérieure. Et pourtant, je connais la Chimère à trois têtes, elle est venue jadis troubler mon sommeil. Mais aujourd'hui, c'est avec une grande lucidité que je vis cette paix. Est-ce dû à ma foi? Cela, je ne peux l'affirmer. Il y en a sans doute qui vivent cette paix intérieure et qui n'ont pas la foi. Moi, je sais par ailleurs que ma sérénité se situe au même niveau de profondeur où Suzanne et moi vivions notre amour.

Je ne me suis jamais révolté contre Dieu à la suite du décès de Suzanne. Pour se révolter contre Dieu, il

faut voir ce dernier comme une espèce de «Big Brother» capricieux et
fantasque qui s'amuse à leurrer les
pauvres humains ou qui joue avec
eux comme un chat avec une souris.
Une tel Dieu n'existe pas.

Ce qui existe par contre, ce
sont des humains orgueilleux et gran-
dement limités. Nous sommes les
protagonistes d'une gigantesque
pièce de théâtre où se joue la «comédie humaine»: trois coups, musique,
Juliette aime Roméo d'un amour im-
possible, les Capulets et les Montai-
gus se heurtent et se déchirent, un
peu de malveillance et beaucoup de
hasard, le destin frappe, la mort est
au rendez-vous, fin, rideau. Ce morceau de décor, ce costume rouge et or,
cette épée sanglante, cette réplique
d'un obscur figurant n'ont aucun sens
pris isolément. C'est le spectateur
qui, ayant mis ensemble ces élé-

ments, en fait ou non un chef-d'oeuvre. Dieu n'est pas le scénariste ni le metteur en scène de cette pièce. Dieu est ce qui vibre dans l'âme du spectateur et qu'il garde au fond de lui lorsque le rideau est tombé.

A qui la faute si Suzanne a souffert et est morte? Est-ce la faute de Dieu? Il y a dans le monde beaucoup de souffrances. Certaines sont provoquées par les humains eux-mêmes. Cette souffrance-là est inacceptable et il faut faire en sorte qu'elle n'existe plus. Nous devons travailler inlassablement à l'érection d'un mur destiné à contenir les forces du mal: non à la guerre, non à la torture, non à la faim. Souffrances dues à la folie des humains. Souffrances dont nous sommes tous responsables. Nous portons tous, quelque part au fond de nous dans nos chambres secrètes, le microbe de «la peste». Inavouables sentiments, d'autant plus puissants qu'inavoués. Face cachée de notre lune.

Par rapport à ce genre de souffrances, Dieu n'a pas grand-chose à y voir. C'est à nous de prendre nos responsabilités. Il faut agir, mettre la main à la pioche, creuser, construire, trouver des solutions et les appliquer, faire reculer les frontières de la mort. C'est trop facile de reporter la responsabilité sur l'autre, sur les autres ou sur Dieu. Et moi, qu'est-ce que je fais pour arrêter le massacre, pour remettre en place les pièces du casse-tête?

Mais il existe une autre sorte de souffrance. Nous vivons sur une terre de malheurs, une terre en mutation. Cette terre a été brisée dès le début des temps. Elle est fracturée de part en part: elle jette du feu par ses volcans, elle tremble et craquelle, elle fait disparaître des villes, elle décime des populations entières, elle apporte la maladie et la mort. Cette terre est fautive depuis ses origines. Sa tendance naturelle est le chaos, l'autodestruction et l'entropie. Cette terre, née de la violence du «big bang» originel, s'achemine vers l'éclatement final. Elle se précipite allègrement dans un gouffre.

Les humains sont incapables de colmater cette brèche, de stopper le lent processus de descente vers le bas. Ils ne peuvent qu'assister, impuissants, au spectacle de la désolation. Seuls, tristes, effrayés, ils marchent le dos courbé, promenant des yeux hagards autour d'eux, incrédules, terrassés. Se peut-il qu'un tel lieu de souffrance, reflet fidèle de nos limites, soit notre seul horizon? Ne peut-il exister autre chose quelque part qui corresponde à ce qu'il y a de meilleur en nous?

Il y a en nous de l'honneur, de la dignité, de la pureté et de la sincérité. Nous sommes capables d'abnégation, de courage, de générosité et de compassion. Et cela, nous le savons bien! Ce qui fait que nous sommes des êtres humains (je veux dire, de vrais êtres humains), c'est que nous avons le pouvoir d'espérer malgré le désespoir, de recommencer toujours... toujours. Oui, il existe un espace où le silence règne au coeur même de cette terre dominée par «le bruit et la fureur». Dieu est là qui offre de refaire l'unité perdue, de reconstruire ce qui a été détruit. Offre incessante, insistante, inconditionnelle. Dieu est là, il nous attend.

Ce contre quoi nous avons à lutter surtout, ce sont les ténèbres.

Notre penchant naturel comme humains, c'est d'être aveugles. Nous sommes une foule d'aveugles qui avançons lentement, regardant sans voir, ignorant notre handicap. Humanité cherchant à tâtons sa route, sûre de la connaître, mais pourtant égarée. Ombres marchant dans la nuit des temps, une lampe éteinte à la main, en quête de lumière.

Cette lumière brille parfois tout près de nous: c'est la mort qui nous la fait découvrir. Il est bon de rencontrer des personnes qui ont vécu le deuil d'un proche. La communication s'établit d'emblée. Un ou deux mots, quelques larmes et nous nous reconnaissons. «Comment avons-nous pu être aveugles si longtemps?» Nous, nous savons ce qu'il y a «derrière le miroir». Soudain, nous avons vu clair, éblouis, sidérés. Le monde ne sera plus jamais pareil.

Nous sommes des mutants de la lumière.

Quant à moi, je me rends compte que ma spiritualité s'oriente de plus en plus dans le sens de la clairvoyance. Les mots «lucidité», «intelligence», «prise de conscience» reviennent souvent dans mon vocabulaire. Je mène un combat contre l'obscurité, au fond de moi et autour de moi. Ce combat, perdu d'avance, ne se terminera jamais. La souffrance que je vis présentement sert à me faire comprendre vers quoi je m'achemine, c'est-a-dire à me rapprocher de mon Dieu. Voilà l'essentiel! Voilà ce vers quoi je m'en vais, ce vers quoi mes enfants s'en vont, ce vers quoi la terre s'en va. Cette souffrance sert à m'ouvrir les yeux, me permet de jeter un regard furtif de l'autre côté de la porte étroite.

Et si, en définitive, la souffrance ne servait qu'à cela?

Deuxième partie

Les derniers moments

Pascal

Dans les derniers jours, moi, j'étais vraiment en admiration envers elle parce qu'elle disait: «Si vous arrivez de l'école et que je ne bouge plus, cela se peut que ce soit une hémorragie, appelez l'ambulance, ce n'est pas grave.» Moi je trouvais qu'elle avait de la foi. Chaque fois qu'on lui parlait de sa mort, elle avait toujours une foi. Ça nous donnait une chance de partager avec elle sa foi, puis en même temps de grandir avec sa foi. Rendu à sa mort, on était tous prêts. On savait qu'on ne pourrait pas faire grand-chose, alors on a dit: «Il faut bien qu'elle parte un jour, on ne peut rien faire pour elle.» Mais elle reste toujours dans mon coeur.

La première fois qu'elle a appris qu'elle avait la leucémie, elle nous a écrit une lettre et je n'ai pas vu sa réaction. Quand elle a appris la nouvelle qu'elle allait mourir dans quelques semaines ou dans quelques mois, je n'ai pas vu sa réaction non plus. Mais quand elle nous l'a annoncée, elle était parfaitement calme. Puis elle a dit: «Je vais mourir dans quelques mois, dans deux mois, m'a dit le médecin.» Elle a dit cela comme ça, dans son calme habituel.

Elle vivait toujours en fonction de la vie et de la mort, et de la résurrection. Elle était dévouée et elle vivait tout le temps. De toute façon on ne peut pas s'empêcher de vivre. Elle était calme aussi. Quand quelqu'un est énervé de mourir, qu'il est tout excité, qu'il n'est pas capable de dormir, qu'il est toujours en train de pleurer, cela excite les autres. Mais ma mère, elle a pris cela calmement et cela nous a aidés à prendre cela calmement nous autres aussi. On a discuté pour que son passage ne soit pas trop dur pour ceux qui restent.

Christophe

Je ne me rappelle pas vraiment des derniers moments. On continuait, on vivait, on était quand même assez normal, mais il ne fallait pas trop qu'on la brusque. Et puis il fallait qu'on pose les questions à mon père, parce que maman avait un petit peu de misère. Mais, on était heureux qu'elle soit encore avec nous autres. On continuait à en profiter, pour le temps qui nous restait. Elle restait calme et puis en dernier, elle restait assise là et elle ne faisait presque plus rien. Elle continuait à nous regarder. Elle disait qu'elle ne mourrait pas vraiment, qu'elle continuerait à être avec nous, mais pas de la même façon.

On ne peut pas dire que j'ai eu peur quand maman est morte. Elle ne voulait pas qu'on ait peur, et puis elle nous a habitués à cela. Elle nous a dit qu'elle serait encore là; pas en chair, mais qu'on pourrait encore lui parler. Si moi je mourais, je sais que j'irai la rejoindre et que je serai bien dans l'autre vie.

Emmanuel

Vers la fin, c'était plutôt dur de communiquer avec elle parce qu'elle était sous l'effet de médicaments très forts. On était quand même proches d'elle mais en même temps, elle était pas mal loin dans l'esprit. Mais je suis sûr qu'elle nous entendait pareil. Elle ne pouvait pas nous parler, mais elle nous entendait.

Dans les derniers moments, on parlait beaucoup de ce que ça allait être quand elle ne serait plus là. Elle nous disait bien de ne pas s'inquiéter, que ça ne changerait pas; effectivement ça n'a pas beaucoup changé.

Elle avait l'air tellement convaincue qu'il n'y aurait pas de douleur dans un autre monde que c'est contagieux ces affaires-là. On essayait de vivre ça comme elle le vivait. Avec quelqu'un comme ça près de toi tu ne peux pas faire autrement que d'y croire. Il y a aussi mon père qui nous aidait, car lui aussi, il est très croyant. Il nous aidait à voir plus clair. On n'a pas abordé, même pas une fraction de seconde, le côté négatif de ce que ça pourrait être. On a regardé juste le positif.

Je n'ai pas eu peur parce que elle avait vraiment expliqué qu'elle allait vers une vie meilleure. De toute façon, même avant qu'elle nous en parle moi je croyais à ça. J'étais sûr qu'elle s'en allait vers un monde meilleur, alors je me disais: «pourquoi s'inquiéter d'elle puisque elle est encore mieux?»

Je n'ai pas peur de la mort même si j'ai vu mourir ma mère. Elle nous a vraiment préparés à notre propre mort en se préparant à sa mort. C'est sûr que je vais mourir un jour, mais si jamais j'étais atteint d'une maladie grave, j'essaierais de faire comme elle a fait: être confiant dans ce qui va arriver et dans le Seigneur.

Pascal

Cela faisait quand même un bon bout de temps que j'y pensais quand ma mère est morte: Qu'est-ce qu'on va faire? Qu'est-ce qu'on pourrait faire de bien? Qu'est-ce que va devenir notre vie? Comment on va s'habituer? Comment on va faire quand mon père va être parti au travail et qu'il reviendra juste à l'heure du souper? Qu'est-ce qu'on va faire? Alors là, mon père, il nous a tout expliqué, puis il nous a tout dit à l'avance, il a tout réfléchi à cela lui aussi, puis il a trouvé une solution. Moi, cela m'a aidé à mieux traverser ce moment-là. Il a fait cela tout au courant de l'année, puis moi je trouve que je ne me suis pas senti tout seul, sans ma mère. Il me semble que j'ai été bien tout le long de la période où ma mère n'était pas là.

Une mort, cela ne fait pas de bien à une personne. Mais après, quand tu as vécu une mort, tu es capable d'en supporter une autre. C'est cela qui me réchauffe le coeur en quelque sorte. Si je mourais, c'est sûr que ce serait pas la vie brillante comme j'ai déjà vécu. La mort, cela me fait penser à la façon dont cela va se passer, je ne sais pas trop ce qui va m'arriver. Si la mort ne me fait pas peur, la souffrance, pas trop non plus, parce que moi, je trouve que c'est plus facile de supporter la souffrance que la mort.

Christophe

Après la mort de maman, on a parlé un petit peu avec mon père, puis on a essayé de se dire ce qu'elle faisait lorsqu'elle était avec nous et si on pouvait s'adapter au comportement de mon père. On s'y est tous mis et on a réussi à vivre assez normalement, comme si on avait toujours les deux parents. On trouvait ce qui pouvait être bon en mon père, et puis on a essayé de se mettre dans sa peau.

Mon père ne nous aime pas de la même façon que ma mère. Les deux se ressemblent, parce que c'est un amour de parent-fils, mais ils ne répondent pas de la même façon.

Avec maman, c'était calme et on la sentait plus. Avec papa, c'est plus physique et il le montre plus. Avant sa mort, on connaissait plus maman, parce qu'on était plus avec elle. Papa, lui, il travaillait. Maintenant, on dirait qu'il est encore plus présent.

Aujourd'hui, je trouve qu'on a pas mal tout fait. Je pense qu'on a quand même fait ce qu'il fallait qu'on fasse, et puis on n'a pas été pressés parce que maman ne voulait pas qu'on se presse, et puis qu'on fasse tout d'un coup.

Emmanuel

Il faut vivre avec sa souffrance. Il faut que tu vives avec elle. Il arrivera ce qu'il arrivera. Tu ne peux pas empêcher que la mort arrive, tu ne peux pas arrêter le cours du temps. Il ne faut pas garder ça en dedans, il faut se confier vraiment parce que ça soulage de se confier. Moi, quand j'ai quelque chose de plus secret, de plus personnel, je le disais à ma mère autant que je le disais à mon père; il n'y a pas de préférence. Si je ne le confie pas tout de suite, mon père s'aperçoit vite que ça ne marche pas et il me demande ce qui ne va pas.

Il va toujours rester un vide, parce que l'amour de ma mère ce n'est pas comme l'amour de mon père. Je suis sûr que mon père essaie de combler ça au maximum et je suis très reconnaissant pour ça.

S'il choisissait une autre femme? Bien, c'est sa vie. C'est notre vie à nous autres aussi mais c'est plutôt lui qui reste sans femme. Nous autres on est portés à moins trouver cela

important parce qu'on n'est pas encore vieux. Mais lui tout seul pour
s'occuper de nous autres, ça prend
plus de présence qu'avant même s'il
n'a pas beaucoup de misère avec
nous. Après avoir vécu presque
quinze ans avec une femme et se retrouver tout d'un coup sans personne,
peut-être qu'il aimerait avoir
quelqu'un qui aiderait et qui serait
présent aussi. Des fois il s'asseyait
avec ma mère dans le salon pendant
que nous on jouait, puis il parlait,
puis il parlait. Cela lui manque sûrement de parler avec quelqu'un de son
âge car nous, on est pas tellement
vieux. Moi, j'accepterais une autre
femme dans la maison.Je l'accepterais parce que je suis sûr que mon
père, il ferait un bon choix. J'ai confiance en mon père.

Je suis l'ainé, mais cela ne
fait pas de différence. Je ne crois pas à

cela. On s'entraide tous entre frères. Il n'y a pas quelqu'un qui a plus de responsabilités que d'autres. C'est sûr que j'essaie de faire plus ma part, parce qu'avant je trouvais ça moins important, mais maintenant j'essaie toujours d'être à mon affaire: c'est en ce sens-là que j'aide la famille.

Mes frères comprennent bien la situation, d'ailleurs il ne faut pas que je me transforme en mère envers eux. Nous autres on a toujours été proches, parce que c'étaient mes frères, puis quand on ne connaissait personne, on se tenait toujours ensemble. Et puis on partage. Par exemple, on partage les tâches de la maison. On faisait ça de la même façon quand ma mère était là, c'est ma mère qui avait installé ça, mais c'est nous autres qui l'avions demandé. Ensuite, elle a dit comment ça marchait, puis mon père a continué et il a essayé d'améliorer des points. C'est mon père qui fait le plus souvent la cuisine. Des fois quand il n'est pas là ou quand il a besoin d'aide, on décide, mes frères et moi, de faire la cuisine ensemble. On n'est pas très avancés, on fait du steak, des côtelettes de porc, des saucisses, de la viande grillée sur la poêle, ou bien de la soupe.

«Je sais qu'elle est toujours là !»

Pascal

Des fois, le soir, en même temps que je prie Dieu, je parle à maman, je lui dis bonsoir. Je lui dis qu'est-ce qui s'est passé durant la journée. Elle m'a aidé à m'élever plus haut vers le Seigneur, à me rapprocher de lui, à comprendre vraiment les mystères de la foi. Cela m'a beaucoup aidé lors de sa mort.Je sais qu'elle est toujours là, peut-être qu'elle m'entend. Je sais qu'elle est toujours présente avec nous, puis je sais qu'elle peut m'aider en réfléchissant aux moyens qu'elle prenait pour traverser les difficultés.

Elle pensait beaucoup aux autres. Son pari, c'était qu'elle allait à la résurrection. Dans son pari, elle savait qu'elle serait correcte, qu'elle serait bien près du Seigneur. C'est pourquoi elle s'est plutôt préoccupée des autres, puisqu'elle, elle savait qu'elle serait bien près du Seigneur. Elle nous a beaucoup aidés.

Christophe

Je pense souvent à elle, et on dirait qu'elle est encore plus proche qu'avant. Parce que avant, on la voyait juste en revenant de l'école, puis on la voyait juste un tout petit peu, mais maintenant, elle est toujours là. Elle est encore bien plus là qu'elle ne l'était avant. On peut encore lui confier ce qu'on veut; elle nous comprend. Elle peut tout faire ce qu'elle faisait avant, et encore plus.

Je ressens plus le Seigneur aussi, je réussis plus à comprendre cela. Je comprends un petit peu plus ce que c'est que la deuxième vie. La plupart des soirs, je lui parle. Il y a des moments qui sont plus difficiles que les autres, je peux alors lui parler et cela me réconforte. Je lui raconte ce qui s'est passé, des affaires tristes, drôles, heureuses, n'importe quoi.

Emmanuel

Je ne la voyais pas matériellement, mais comme mes autres frères ont si bien dit, on la voyait moralement. Son image passait constamment dans ma tête, puis ses souvenirs; c'était comme si elle vivait encore. Elle était aussi présente par ses conseils, même si on ne l'entendait pas parler. Les conseils qu'elle avait déjà donnés, ça revenait, puis on a essayé de faire toujours mieux.

Chaque soir, je fais ma prière. Je suis sûr qu'elle a gagné son «pari de foi», parce que, si elle était pour ne pas gagner, elle était assez intelligente pour ne pas formuler ce pari-là. C'était acquis qu'elle gagnerait et effectivement, je crois qu'elle a gagné son pari.

Table des matières